marie

© 2018, Gelly, Pascale
Edition : Books on Demand,
12/14 rond-Point des Champs-Elysées, 75008 Paris
Impression : BoD - Books on Demand, Norderstedt, Allemagne
ISBN : 9782322146680
Dépôt légal : août 2018

Pascale Gelly

marie

Textes

Éditeur : BoD - Books on Demand
12/14 rond-point des Champs Élysées
75008 Paris, France
Impression : BoD - Books on Demand, Norderstedt, Allemagne
ISBN : 978-2-322-14668-0
Dépôt légal : Août 2018

Remerciements chaleureux à tous ceux qui m'ont accompagnée dans la réalisation de mon histoire.

Désormais, je me « dé-scoliose » pour enfin marcher droite…

Chez la psy

Ce matin, quand je suis partie pour aller chez la psy du boulot, j'avais la poitrine douloureuse. C'est toujours comme « ça » quand j'attends mes règles. J'ai l'impression d'avoir à la place des seins, deux pierres...

Pierres... Pierre, tiens ! Ça fait combien de temps que je n'ai pas eu des nouvelles de lui ? Deux pierres si lourdes à la place des seins que même quand je me déplace, ma démarche change. C'est sûrement le « ça » du Pierre.

Dos légèrement courbé. Je me suis arrêtée à la cafétéria de la gare déguster un bon jus d'orange (sans paille) 100% naturel, sans bulle ni colorant ni même l'orange sous la main !
Je ne nie pas le fait même d'être aujourd'hui aigrie et..., assise à la table. Le rapport ? Mais quel rapport ? Ca fé té ri ah ah ah !

J'ai tout de suite su ce matin, dès le pied posé au sol, que c'était un jour à chier. À mourir de rire !

(Allongée sur mon futon, j'ai une toute autre vision. Perpendiculaire aux choses verticales de la vie. Ma vie cependant à l'horizon...).

C'est pas drôle ces regards tristes des gens qui partent travailler ! Ils occultent une partie de moi-même. Mon regard, triste aussi.
Yeux bleus rêveurs, rêvant... Celui peut-être que la psy voudrait pénétrer.

Un profond dégoût calé dans ma gorge. « Faut faire passer ça ! et au plus vite si possible ! » que je me dis. Alors d'un trait, vide le reste de jus d'orange ; pas une seule goutte ai laissé au fond du verre. À cet instant, là où « ça » coule, le liquide descend tout le long de ma trachée, c'est le ver qui me bouffe l'esprit jusque dans ma chair transparente qui jaillit soudain du verre.

Explosion aveugle des autres. Les morceaux sont nombreux, je les rassemble tout en pensant à ce que pensent les gens, me voyant faire des gestes précis dans une réalité vide...
Confusion mentale probable.

Quelques neurones imprégnés de l'alcool de la veille doivent être en train de se disputer la meilleure place chaude dans mon cerveau en ébullition pour se reposer.

STOP.

Je suis étrangère à la chaise et la chaise m'est tellement et paradoxalement familière. Unique « appui » possible. Soutien psychologique ?

Quand je suis enfin partie, trois hommes (des ouvriers, apparemment, vu leur bleu de travail) m'ont souri. Alors « Bonjour ! » que je leur ai dit. Puis j'ai tracé jusque dans le wagon du métro. Je trépignais déjà. Pseudo-claustro-marteau-dingo ! Emboîtant le pas pour prendre l'escalator, me suis sentie conne. De quoi ? Ah ! la bonne question ! la vraiment bonne « pinable » question ! mais non, même pas conne assez conne cette question « impinable » !

Envie soudaine d'un croissant bien cuit, bien fait quoi ! Doré juste comme il faut ! De ma bouche déjà, la salive débordait. Ah, salope ! (Espère juste qu'on ne te remarque pas ! Sait-on jamais ce que les mauvais garçons peuvent penser ! Mais bien sûr !). Ouais, vite cours à la boulangerie t'acheter ce foutu satané croissant ! C'est « ça » la vie, merde ! la vraie : déguster tout et à fond ! Une minute, une seconde, une émotion, une odeur, un aliment, une chose...

Heu, une Chose... Voyons bien voir, une Chose comme « ça », par exemple ?
STOP.

— Je vous dois ?
— Trois francs et quatre-vingts centimes, mademoiselle.
— Voilà.
— C'est ça !
— Merci et bonne journée !

Me voilà à présent assise. Ou réassise, comme vous voudrez. Mais cette fois-ci sur une autre chaise, pardi ! Chaise moins confortable d'ailleurs ! Je teste la solidité de son dossier. Mon dos semble se « dé-scolioser ». Mes fesses elles, s'accommodent tant bien que mal autrement. Mais tout de même, belle adaptation ! En face de moi, Kandinsky me décroche deux sourires crispés. Peut-être a-t-il remarqué quelques miettes de croissant à la commissure de mes lèvres. Il faut y voir dans son tableau ce que l'on veut, je crois. Façon de parler, façon d'être... C'est « ça » !

Le néon affreusement blanc écorche mes pupilles, dilatées. Ça se dilate les idées que j'ai ! Œil révulsif. C'est peut-être bel et bien cela la croisée des chemins. Mes yeux, tristes de bleutée sur le tableau de Kandinsky... Sans cils, sans paupière, l'œil n'exprime plus rien. Je pense subitement à une jeune danseuse étoile sans son tutu.

Il n'est plus très loin de 10 heures et la psy ne devrait pas tarder à se présenter à moi comme une bonne femme endimanchée. Une fleur dans un pré, les pétales bourrés d'insectes affamés... Bourrés ? Moi hier soir, nase, bourrée, gueule de bois ! Vlan ! Buvant le nectar..., orangé..., pour dessoûler..., de cette triste journée..., de ma putain de vie !

J'ai peur.

Je me redresse sur la chaise. Mes mains sont moites. Le ver de terre sort maintenant de mes yeux...

Oh, doux jésus ! La terre orange tourbillonne en orbite inter-spatiale en mon estomac amoureux de la vie. Je m'aspire, je m'étire un peu. Je m'inspire de tout pour décrire ce peu de rien de ma vie qui défile au ralenti dans cette salle d'attente vomitive. Peur liée si intensément à la joie de vivre. Mais pourquoi ?

Ah ! la psy qui arrive enfin ! Interloquée, je me lève mais elle me dit qu'elle ne me prendra que dans 10 bonnes minutes. C'est quoi ce gros bordel, merde ! Me prendre à moi, dans 10 minutes, en plus ! Sa phrase raisonne dans ma tête dans le cul ! Des bouffées de chaleur me montent jusqu'aux joues, dues à l'alcool..., mais bien sûr !

Je m'assois donc à nouveau pour me relever d'un coup. Quelle drôle de gymnastique ! Moi qui croyais que seul l'esprit était doté de multiples facultés à jouer, jongler. Marcher avec les mains, penser avec les pieds ! Comme c'est drôle !

Me dirige dans les toilettes pour m'assurer que mon eye-liner n'a pas coulé.

« Ça » c'est bête ! Puis porte mes lèvres sèches au robinet tout frais. Bouche bien pâteuse ! Toute l'eau de mes blessures part un peu plus dans le trou de l'évier et je m'amuse à contempler la courbe si « rondelette » que fait l'eau en s'écoulant... Je hoche la tête, le reflet que me renvoie la glace ne me plaît pas, il m'envoie une sacrée gifle.

« Faut faire passer ça ». Je m'enveloppe dans cette idée qui ne cesse de me marteler. J'ai peur. Extra lucidité de ma propre réalité.
Soif.
Soif de vivre, soif d'amour, soif tout court !
Regard de soi-disant...

Une heure a passé. La psy, très attentive à l'écoute de mon fameux projet de stage. Projet professionnel.

La porte a claqué derrière moi, un terrible étron me fait serrer l'anus.

J'ai compris, que je me dis. Non..., pas le jus d'orange, jus..., juteux...

Pas le jus d'orange de tout à l'heure, bu à la cafétéria de la gare. Pas celles-ci d'oranges...

« Ça » y est ! je les ai pressées ! mes oranges à moi, pourries et qui ont infecté ma vie.

Me sens plus légère, aérienne.

Je presse même le pas, alors que je ne suis pas en retard.

Pseudo-auto-bobo-dodo-anus-anal-analyse-détritus-phallus-avalé-bu.

Je savais bien quand même, que ce jour était à chier !

Et me revoilà, morte de rire ! avec à mes côtés, toujours mon vieil ami le ver de terre, qui s'entortille, qui rampe et se dresse tout fier.

Éternel recours à l'Amour.

Sortie de là, j'examine que rien n'a vraiment changé...

Ah, si ! mes draps depuis…

Me suis proprement accouchée dans votre réalité.

Au seuil de la porte

Le soleil tiédit sous mes pieds.
C'est une chaleur qui me rappelle bien des
choses.
Si je prenais la peine de fermer les yeux
Une école avec une cour immense s'y
dessinerait...

Au seuil de la porte...

Ou encore une multitude d'enfants déboulant
d'une impasse voisine à la petite école...

Au seuil de la porte...

Quelque part en moi, se dessine encore le
souvenir net de cette maison-villa
M'ouvrant grand les bras, m'accueillant
chaleureusement...

Au seuil de la porte...

J'ai bien senti dans ce souvenir que je n'étais
pas seule, plus seule...
Souffrance du souvenir qui rappelle tous les êtres
qui ont été proches, enserrant mes épaules...

Au seuil de la porte...

Une petite table noire et Bordeaux.

Au seuil de la porte...

Une mort.
Un divorce.

Et comme j'aurais voulu partir en courant !
Prendre mes jambes à mon cou pour fuir cette
séparation.
Et comme j'aurais voulu à ce moment me
séparer de cette souffrance au seuil de la porte,
qui m'attendait espièglement après la sortie de
l'école...
Pendre ma souffrance sur la corde de leur
divorce incompris pour la petite fille que j'étais...

Tout suspendre, LE TEMPS,

Me suspendre en oubliant la toute petite
personne qu'ils avaient un jour enfantée...

Au seuil de la porte...

&

Journée lascive où tous mes démons sont de sortie.
J'aspire à des parfums éphémères que mon corps enchaîne avec une alchimie des sens parfaits.

&...

Il est des chairs humaines que je meurs d'éclater contre mes seins. Mais je sais toujours à quel point il est difficile de les approcher de moi. Je leur suis une proie féroce et inutile à la fois, dont elles doutent sûrement de mes pensées.

&...

Tout ce que je fais est fait par dérision. C'est un arbre qui porte les fruits véreux... Je porte mon corps comme tous les clowns portent un nez.

&...

Poitrine douloureuse...
Arrivée d'un Père-Noël moqueur
Sous des guirlandes tressées de soleil vif...

&...

Je sais ce que je suis
Je sais aussi ce que je parais
Aux yeux de l'enfant miséreux
Je sais également
Ce que je voudrais être
Et quelle est la souffrance
De toutes ces larmes sèches...
Où est la différence ?

&...

Je n'ai ni enfance,
Ni futur,
Ni passé.
Et pourtant,
J'ai une toute petite personne
À élever en moi.

&...

Quand dehors tout est dérisoire,
Le dedans est plus que mâché.
Il est broyé
Par des milliers de faisceaux lumineux de
lumière multicolore
Qui scintillent faiblement mais toujours
Pour ceux à qui la nuit
N'offre aucun endroit pour se cacher.

&...

Je me cogne et me recogne
Dans la fente de ton ventre.
Aussi, n'est-il pas plus sage
De rester tranquille
Et d'attendre que ce trou s'agrandisse.
Pour pouvoir enfin sortir.

&...

Tondre mes cheveux
Et brûler toute la chair de mon corps,
Évacuer le danger qui circule à bord.
Consumer les marchandises qui défilent sur mon
port.
Débarquer les mains
Chargées de poignées de cheveux emmêlés.

Plus un seul sourire à accrocher sur mon visage
amarré.

&...

Éponger les regards,
Faire toutes les têtes remplies de poussière.
Mon maître m'attend,
Il est très résigné, acide dans son bureau de
verre.
Plus même,
Contraint à devoir me forcer...
« Éponge le » par terre,
La mère des lettres est fatiguée,
Le père des chiffres,
Mort sur un pavé de sciences.

&...

Ne sommes-nous pas les maîtres ?
Et nos corps s'agitent
Car les savoirs sont en furie.
C'est toute une encyclopédie
Que l'on raconte de l'autre
Côté du port enchanté.
Connaissances libres,
Arrachant nos tiroirs de mémoire.

Et à présent…,
Que me reste-il de ce tas de poussière ?

Chat soit l'âme

Ce que j'aime chez CHAT,
C'est que CHAT est toujours çà et là.
Sapristi !
Quand je le vois séant ;
Il ne demande qu'attention :
Et là, tout ronronnant, d'une posture si
particulière à sa dorure
Me reflète son humble fourrure.
(Et je l'adore tellement pour CHAT !).

Ce que j'admire chez CHAT,
C'est qu'il est bien plus que CHAT !
Car il ne soupçonne même pas
À quel point sa délicatesse
Déverse en moi... Mille CHATS d'ivresse !
Ce que CHAT-pprécie chez lui,
C'est que CHAT paraît indifférent...
Alors qu'il n'est qu'à l'affût

D'un prochain moment
Où mon ombre le cherchera !
Où mon corps l'appellera !
CHAT est si présent
Que je ressens d'être un peu ce qu'il attend...
CHAT m'inspire ! CHAT m'attire !
Une baballe lancée, une ficelle zigzaguant sur un
sol en flammes.
   Ô voilà CHAT qui de ses douces et vives
prunelles foudroyées,
Se croit réellement la proie chassée !
Tout hérissé, telle la queue d'un écureuil peureux
Il est vraiment sur le point de s'agripper !
(Son imagination me dépasse !).
Me voilà (à mon tour) amusée
De par sa remarquable subtilité !
   Soit CHAT avance soit CHAT recule, teste et
sent toute l'essence de mon « être ».
Territoire délimité, espace imposé :
CHAT jette ce petit regard d'un rien frimousse,
Lorsqu'enfin il ose approcher.
De son museau ganté de velours (secret !) ;
Renifle puis s'abandonne à sa somptueuse
symphonie
Mêlée de ces drôles de « gargouillis » si propres à
lui !
   Ce qui me fascine chez CHAT,

C'est son corps qui se raidit ou s'assouplit tel un serpent.

Ô CHAT L'ÂME !

D'où te vient une telle faculté à pouvoir si bien t'adapter ?

CHAT ne cesse de se dandiner comme un

« pacha »

Tout en (me) miaulant :

« En voilà bien assez ! CHAT-se-là tes présomptueuses pensées ! ».

CHAT alors !

   Il vient soudainement

S'étirer jusqu'à mes chevilles épuisées...

CHAT est indomptable

Mais ô combien attachant !

Le sait-il, CHAT ?

Et je crois qu'on l'aime justement

RIEN QUE POUR CHAT !

De temps en temps, lui et moi

Plutôt dire CHAMOIS,

Jouons à CACHE-CHAT-LÀ et inversons les rôles !

   Chat-cache-chat...

(Bien que je CHAT-che que ce n'est que moi qui change la règle du JE !).

Mais là, voyez-vous, c'est beaucoup plus qu'un simple jeu !

C'est bel et bien le matou qui me
CHAT-ouille ! Me mate, le coquin minou !
Ah, captive bête...
Je me vois de loin l'imiter,
Et ainsi détachée de ma propre identité,
J'appelle :
CHAT-pristi !
Je deviens indubitablement CHAT, sans penser
Être sa CHAT-bête !
Mais cela, j'en ai carrément CHAT-PERCHÉ !
Parce que CHAT j'aime !
   Quand CHAT dort (ou feint le paisible sommeil
soyeux...)
CHAT saute aux yeux !
Il me ruse, bondit sur mon lit (lit il sur moi, une
trace de CHAT aussi...)
Ah fi ! CHAT se moque
Et le sait bien plus que CHAT (moi) !
Parce que CHAT ne vit ni du hasard, ni pour
moi.
Ah, dansons le CHAT-CHAT-CHAT !
Ma quenouille !
À chacun de tes pas (Ô beauté !)
   Moi, bête humaine
Toi, humaine bête
Nous nous aimons quand même !
J'ai l'impression que nos esprits se rencontrent

Et CHAT-que-fois que je te vois,
Je m'émeus d'être un peu de toi
D'être un petit peu à toi...

Ce que j'aime chez lui,
C'est que tout CHAT-luit !
Tel qu'il est, non pas tant nonchalant
Mais très CHAT-lant son vagabondage « CHAT
et là » ...
M'affecte énormément !
Il prend les quatre coins de sa pièce préférée
comme un atlas ouvert ;
Voilà sa Découverte :
Il explore mon « être » comme il pourrait gratter
sa litière...

Ce que j'aime chez mon CHAT,
C'est précisément de l'aimer tel qu'il est :
Tout rouquin CHAT c'est mon CHAT !
Qui aime bien CHÂT-ie bien !

Maintenant vous comprendrez mieux
Ce qui se passe entre ça-CHAT et nous, êtres
humains
Ce que nous nommons « CHAT-Moi » ...
Le ça en delà,
Au-delà...

C'est toujours
L'amour CHAT pour soi, CHAT pour l'autre,
Encore faut-il qu'entre nous deux
Le CHAS soit aussi large (qu'indépendant) pour
que puisse étinceler,
Naturellement le
CHAT-phir !
Oh, mon sacré félin !
De tes cotonneux coussinets rosés viens donc
m'éveiller
Jusqu'à la plus désirée des réalités !

Ce que j'aime chez CHAT,
C'est que, quel que soit mon état d'âme,
« Boddah » attend...
Une caresse.
Son attente dessinée par son « gros dos »
M'esquisse un étirement, une fresque teintée de
roux qui s'impatiente tellement
Que ses poils finissent par rebrousser chemin !
À ce moment-là alors,
CHAT brûle à l'intérieur !
Ni compréhension, ni explication de cet
attachement.
Aucun mot, aucune analyse
Ne traduit notre « jeu ».
Seul CHAT sait, au loin..., toute pensée.

Le comportement de CHAT-suffit !

   Ce que j'aime chez mon CHAT,
C'est qu'il dégage son plaisir sans griffe, sans
« CHRRAAAT ! ».
C'est le vrai matou, dans toute sa splendeur
Chaleureuse !
Bon, ce n'est pas tout !
Revoilà CHAT SOIT L'ÂME !
Arrivant en courant de je ne sais où,
Mon « Chat » maintenant
Préfère cent fois mieux
Lover ces conversations-là...
« How to chat to your own cat » !
Boddah,
I love you for what I'm not ».

La corde à linge

Étendre la première machine de la journée,
quand le soleil se fait doucettement apercevoir...
Comme la tête d'« un nouveau-né », en plein
jour, pondre la vie, en plein air.
À la lumière la plus claire. Soleil (de mes rêves)
avorté.
« Table à langer ».
Étendre mes idées décolorées, je suis lessivée à
force de trouver du « mal » à « sortir » cette
putain de table à repasser pour réchauffer au fer
mes pensées.
Épinglée ma blessure l'est. Le fer resté collé
n'aura pas remplacé d'un écusson doré ce « trou-
accroc » de ma raison « mal-aimée ».
Rapiécer ma douce folie.
Raccommoder mes manques en débris...
Je ne me le dirais jamais assez :
Cycle menstruel détraqué.

Accrochée, décrochée, raccrochée à la corde, tel un saltimbanque, moi ai l'air ridicule, me suspends dans ma penderie..., sans cintre pour me soutenir.

Épingle serrant utérus mourant (..., tuant).
Expulsion. Cataplasmes d'éther. Courant d'air.
Aération vaginale.
Désormais, cette « chose-épingle » insignifiante pour certains aura eu ses conséquences sur mon linge à laver.

Épingle en bois, gueule de bois.
Épingle en plastique, pince métallique.

Faire mousser, surtout laisser tremper : les taches partent plus vite.
Plus la peine (de mon cœur) à frotter des deux mains pour enlever cette tache de sang.
Quelle énergie !

Maintenant, « faut » que j'épingle mon sentiment de culpabilité, sans cela :
Fracture du bas ventre,
Lésion du plasma,
Aigreur du liquide amniotique.

Étendre la dernière machine de « sa » vie
(Fœtus-mort-assassiné), comme en souvenir...

Oublier que j'oublie un peu chaque jour
(lumière) de cette partie ; de « sa mémoire que
j'ai faite évacuer de moi ».

Vide. Creux recreusé.

Sauter à l'élastique. Corde à sauter.
Sauter en rappel..., en arrière...
Laisser la corde traîner loin..., derrière (soi).

SOIT.

(Bistouri à métal froid. Gants chirurgicaux
ayant défenestré, anesthésié paralysant nos deux
parties).

Blouses blanches que mes yeux noirs ont
photographiées sur une pellicule ratée...
Si étrangère à moi-même et étrange le fait que j'ai
pu féconder...
Si drôle la vie, si triste je suis. Désolée aussi.

Élastique à cheveux ? cheveux d'ange, de
bébé ?

Comment ai-je pu sous-estimer..., d'enfanter ?
Porter la vie, pas comme les sous-vêtements...
Soutien-gorge trop grand, string de pute mal
assorti...

Tendre mon ventre tel un ballon gonflable...

Éclatement du miroir reflétant mon être-pitre !
Le souffle même de la vie.

Ouvrir « ses poumons », sans cri parce que déjà
mort.
J'ai dé-trituré ses tous petits poumons.
Ai crié à sa place.

Étranger de mon corps, vas t'en...
Étranger à mon corps, t'en vas pas...

Quelle extraordinaire élasticité que le corps
féminin a !
Quelle merveilleuse capacité !
Ai un peu peur de ne plus pouvoir.
Ce pouvoir fabuleux, ce « don » de la vie non pas
pour soi...

SOIT.

Petit tas de linges à changer.
Sentir, ressentir encore la sève monter jusqu'à
l'abandon de soi.

SOIT.

Peur de ne plus pouvoir parce..., qu'amochée
ma cavité.
Chair de ma chair, de cet être qui fut si
petitement « mien ».

M'étirer sur la corde, sans ne rien demander à
personne.
Me dire toujours qu'il y en aura d'autres.
Que la vie est multiple quand la vie est riche
d'amour.
Fil à retordre.

En attendant, je suis « souriante » en voyant le
linge sécher, au gré du vent.
La corde à linge se détend, tout doucement.
Toute haute sur mes six ans, j'« aspirais » à peine
à devenir maman et me rappelle avoir désiré tant
tenir le rôle parfait de la mère choyant, allaitant,
berçant son « unique » enfant. (Chéri ? Perdu ?).
À cet âge, je commençais à sauter gravement
sur le sol (révolte prématurée ?), avais tracé à la

craie ma marelle à moi, aussi maladroitement
que je savais compter sur mes dix doigts.

SAUTE-MOUTON !

(Homme sauvage, Homme-Bête sans tête,
Homme-Mouton ! Femme sautée ! Pauvre
bergère !).

Sauter...
À la ligne.
Point à la ligne.

Pêcher à l'hameçon mort.

Point d'exclamation (Ah bon, je suis enceinte !).
Point d'interrogation (Ah bon, comment « cela »
se fait-il ?) !

Où en suis-je quand le pêcheur rejette à la mer
sa proie déjà à moitié-morte ?
Mer Égée. Mer Adriatique. Mer Rouge.
Rouge le sang que j'ai versé à « sa » dernière
minute. Ultime minute.

Il est temps de « panser » le dérèglement de ma
« montre-femme » à l'heure...

Respirer l'iode.
Ode à la vie.
Aspirer le ressac, m'imprégner des embruns
jusqu'à en être « soûle » de bonheur...
Joindre mes mains. Me pardonner.
Sel marin.

Au gré du vent, j'attends patiemment, tel
l'amateur...
Que la canne frétille, que mordent
Et se noient dans la Mer Morte, tous mes
remords.
Fond de gorge de corail. Bouche sèche au réveil.

Au gré du vent, je sèche ce que j'ai secrètement
gardé à l'abri de ma coque humide. Bateau coulé.
Coquille fertile.
Tout jeter à la mer.
(Candeur infantile).

Ça fait du bien d'essorer ce que mes larmes ont
ravalé pendant la tempête, au gré du vent..., et ce
que mes yeux ont écopé à fond (la cale noire...) à
ne plus voir la continuité de ma chair, de sa
chair…
Sac à linge pourri que mon ventre aura mis six
mois et plus à nettoyer... Broyer..., du noir.

Du noir aux yeux, rimmel « waterproof ».
Moussaillons ! battons-nous !

Sac à linge pourri jeté dans la corbeille, telle la
bouteille « messagère », au grand large...
Océan et..., grand mon sentiment de peine.
Cri de S.O.S. Poumons fermés.
Ventre douloureux d'avoir mis du temps à
digérer. Mât cassé. Ulcère de voleur, ulcère
incubateur. Piraté mon cœur l'est, d'avoir
cambriolé une vie.
Piraté mon ventre, mon utérus éteint depuis
que je me suis enfermée dans la soute la plus
intime de mon être... Insoutenable.
Ma barque pour lui n'aura pas de rames pour
ramener, sa Vie...
Nulle part tu iras...

Ai décortiqué mentalement « cette » crevette-
mienne.
Pas « grasse ».
Évacuation amère.
(Tuyau-aspirateur).

Plus de lien entre moi et elle, ou
Plus de raccord entre lui et moi...

Peu importe le sexe, peu ait importé un sexe...
Asexué.
Le souffle coupé, le souffle du vent...
Ma boussole s'orientera.

Corde à sauter, inconsciemment me suis
étranglée.
Cordon ombilical. Cordon. Don.

POST-I-V-G.

M'étendre sereinement (dans un lit/couchette).
Draps blancs..., immaculés.
Conception.
Lumière.

Enfin le phare !

Maman ! papa !

CRI.

Je vous en supplie.

M'appréhender telle que je suis, naître
seulement si...
Au gré du vent, « tout sèchera », ne dit-on pas.

Me pardonner, rejoindre mes deux mains,
Dès demain, je prierai vers ce « rien »
Parti.

Tendre sa corde, avoir besoin de quelqu'un.
Tendre les voiles.
Quelqu'un ait besoin de moi...
De juste un peu de moi pour pouvoir donner et
recevoir.

Au gré du vent, il m'a fallu un « peu » de temps
ou « beaucoup » (qui pourrait le dire tout
l'amour de soi qui a dû opérer en moi, qui
pourrait me dire... Hormis moi-même qui ait
vécu ce passage de l'« être » en solitaire ?).

Pourtant, solide ma machine :

1/ Prélavage
2/ Coton
3/ Synthétiques
          « Au gré du vent, tout sèchera... »
4/ Laine
5/ Fragile
6/ Essorage
7/ Vidange

Après chaque douche, le tambour de ma machine à imagination se met à tourner de plus en plus fort.
Fort l'amour de deux personnes pour donner naissance à un amour..., fortuné.

POST I.V.G.

Boum-Boum ! À devenir maboule !
Pleins d'ampoules sur mes doigts..., meurtriers ?
NON.
Ça se passe juste après.
La délivrance. Ma délivrance :
Je m'enveloppe la serviette de bain, j'essuie mon entre-jambe en « souriant » ...

PLOUF ! Plus « RIEN ».
Ce rien qui m'a été pourtant de trop.

PLOUF ! Tel un galet lancé, la vie est ainsi :
Un éternel recommencement.
Éternel ricochet.
Pied de nez. Mains liées.

Étendre son propre linge.
L'intimité n'est pas chose aussi aisée à laver sans s'abîmer.

Sauter à l'élastique. Goûter au..., vide.
Au vide, la vie vide depuis...

Au gré du gré, la vie est faite de « présent », de
cadeaux d'expériences aidant.

Étendre le linge. Porter sans honte « son »
vêtement.
Le corps mouillé a son langage et pas nu de
sens.

Ne plus me prendre pour un « porte »
manteaux de ce mal (porté en moi), transporté
(dans ce tuyau-aspirateur), déporté...
L'homme qui ne m'a pas tenu chaud dans son
manteau de velours.
Je le regrette et combien j'en aurais eu grand
besoin.

Froids imperméables. Glacés par-dessus.
Dedans, dehors, autour...

Au gré du vent, je m'aère...
Devant ma fenêtre, NON.
Je ne sauterai pas.
Contempler juste le soleil (de mes rêves).
Mon soleil.

« Porte » bonheur.
Je me détache du décor. Je prends plus
d'assurance. Forcément qu'en ayant porté la vie,
On n'emporte plus ses soucis.
Je repasse mes habits « différemment » ..., à la
bougie du soir.

LUMIÈRE

Je me découpe du paysage.
Délivrance.

Au gré du vent, renaître si...
Je titube certes mais avance quand même.
Je me pointe. Toute fière
Vers le soleil, en « me souriant ».
« Rien » que pour moi.
Je me pointe, toute droite sur mes un mètre
soixante, vers ce soleil levant...
Je me lève, me redresse,
Me promets :
Plus d'avortement.

Au gré du vent, je fais des courbettes puis des
galipettes dans le pré, sur le champ, je ris.
Et je ris d'entendre de mon unique tympan cette
chanson que j'ai un soir, une nuit composée...

Un hymne à la vie (même si...) :
MA PETITE ET DOUCE SYMPHONIE
Écrite et retirée de MON monde et...

HEUREUSEMENT.

De chez Victor et Alphonse

Je reviens du long voyage de l'effondrement
des sens...
J'ai ramené, à mon passage
Un tas de babioles bien utiles,
Qui feront peut-être plus d'un heureux...
Je reviens du long voyage de l'effondrement du
corps...
Assise dans ma colère,
J'ai touché, au passage
Les peaux flétries
Qui se mouvaient au sol...
En fermant les yeux, ai aperçu des lucioles.
Je reviens de ma chaise électrique, ai mis
longtemps avant de me débarrasser de tous ces
fils...
Le siège collé à mes fesses.
Je reviens du long voyage de dépression

physique et mentale...

Je reviens de chez Victor,
Le cou cassé, une jambe à moitié.
Où vais-je maintenant aller ?
Je reviens de chez Alphonse,
Ce bon m'a rendu la chose plus propre.
Je me suis lavé la gueule. Ai perdu la face !
Je reviens d'un voyage à travers le corps et les
nuages,
Un grand tout pour ces deux poètes que sont
Victor et Alphonse...
Un tout où rien ne manque...
Dans leur monde à eux,
La pluie tombe horizontalement.
Ça m'a trempé d'un coup !
Je reviens du pays des songes,
Ce voyage est bien tristement égoïste,
C'est une existence sans point de retour...
Mais se rendre chez Victor et Alphonse, ça vaut
vraiment la peine !
Je reviens de chez moi,
D'un pas nonchalant,
Je viens chez vous,
C'est promis
Je rentre à pied à la maison...

La tombe sans nom

Comme un invalide, part le dos courbé
Et qui n'a même plus une main chaude pour faire
un geste en guise d'adieu...
Comme un condamné fuit sa seule et désolante
réalité, ramasse douloureusement en rampant ce
qu'il traîne à ses pieds déchaussés.
Se pavanant sur toute sa folie,
Il réinvente le monde en 3 D,
Dans un unique espoir de peindre en blanc ce qui
est maintenant noir...
(Pauvre ignorant, quel est ton prix pour mourir
dignement ?).
Tu hais ce que tu es,
Pourtant tu es ce que tu sembles t'être collé sur la
peau...
Se pourrait-il que des gens anonymes de ta vie
Te jettent des fleurs mortes
Sur ta tombe sans nom ?

Zoé

Zoé est de retour
La suicidaire du rez-de-chaussée
N'avait qu'une sale veine autour du cou.
Il a fallu qu'elle regarde un peu trop loin dans le ciel,
Pour remplir ce qu'elle avait de plus cher dans sa seringue 26 fois usagée.
La suicidaire de mon quartier
Était à proximité de mon auto destruction...
Et la revoilà dévalant si « softement »
Mes escaliers en colimaçon,
La gueule ravagée, le corps décharné,
Un gars l'eut bien prise pour une ressuscitée.
Tant ses yeux sortaient de sa tête plus très pleine
Tant ses cheveux étaient gras et raides.
Elle prenait cette débile habitude de baver pour parler,

De tressauter pour communiquer,
De geindre pour affirmer
Et enfin de s'immobiliser, inerte pour vivre.
Son allure de chien errant,
Osant à peine poser un pied à terre, tant elle était
loin, sur son nuage d'héroïne...
C'était donc ma suicidaire du rez-de-chaussée,
Celle qui se présumait
Condamnée.
Ses lendemains étaient sans fin,
Sans fin d'injection, elle finirait bien par
s'éjecter de ce poids trop lourd.
À l'odeur d'une cigarette,
Elle traversait tous les cancers
Et se morfondait dans la cendre « consumante »,
consumée...
Ma suicidaire du rez-de-chaussée
Avait pour cause
Une vie. Conséquence :
Liberté totale de s'en laisser choir sur un rebord
de folie.
Elle s'y penchait si souvent qu'elle y perdait
parfois le nord de son cœur...
Ma suicidaire
Je l'ai vue, Zoé
Et moi sommes de retour.
La consumer tous les jours

Balancement sur le rebord de la fenêtre
N'est plus un dégoût de soi,
Ni mauvais tour,
Nier n'est pas se droguer.
C'est...
Ça se passe tout salement.
   On plante l'aiguille, on presse la seringue.
Voyages pas très onéreux comparé à la réalité
monétaire.
   Avoir n'est pas Être.
Et naître comme ça n'est pas être...
Mais Zoé,
Qui comprendra le pourquoi ?

L'ennui fait répéter

Je suis là, à essayer de m'occuper sur ce petit
bout de papier.
J'aimerais écrire, comme l'on note un cours de
physique.
Je suis ailleurs, comme lorsque j'étais en cours
de physique...
Ailleurs, à occuper une place quasi-impossible
Cela dure maintenant plus que je ne l'avais
prévu.
Et je me retrouve sans savoir très bien pourquoi
devant la borne « moins » fonctionnant plus que
la borne « plus » ...
L'anode et la cathode se brouillent dans mon
esprit...
Ni pourquoi ni comment.
Je suis là, pourquoi ? Je nie le comment...
Cette électricité va bien me mener quelque part !

Autour de moi, quelque chose, toujours la prise
manquante...
Manque de prendre la parole quand il le serait
vraiment nécessaire.
Manque une parole.
Non, un mot.
Bon, pas de mal à dire n'importe quoi !
Ça arrive d'intervertir les fils !
Dure connexion...
   Ce langage, je te le dédie ce soir, demain,
après...
On verra si le courant passe toujours entre nous !
Ce qui est génial,
C'est que j'ai encore de l'encre dans mon stylo
Et que la feuille est grande.
Mais peut-être pas assez pour te dire à quel point
mon circuit s'ennuie...
   Face à ces lignes incurvées, je ne dis
(malheureusement) rien ou (presque) tout.

L'ENNUI FAIT RÉPÉTER.

   Je répète :
Je suis là, à essayer de m'occuper
Sur ce petit bout de papier électrique d'amour.
J'aimerais écrire
Comme l'on écrit un cours de physique.

(Peut-être aussi que la relation serait plus facile
sans être « bornée » !).
Je suis hélas ailleurs...
À la recherche d'ions..., positifs (si possible).
Cela dure depuis...
   Depuis que la notion de temps n'existe plus
dans mes arithmétiques et mathématiques à moi !
Et ne sais plus vraiment comment,
Et dans quel sens fonctionne le courant.
Je deviens beaucoup de chiffres impairs avec les
années successives.
   Autour de moi pourtant,
Il y a l'interrupteur
Je n'ai qu'à tendre le bras pour rallumer ce qui
est éteint en moi.
Quelque chose ne va pas, je le sens
Le sens est..., unique.
Fil tout seul se reliant à une seule borne.
   Parole sans sujet, sans verbe illuminé.
Je m'intensifie à la mesure du courant
L'électricité « bleue » de mes mots devrait enfin
pouvoir passer dans ton circuit à toi !
Le langage est-il branché ?
   Je suis sûre que je vais t'exploser une réaction
compliquée, faite de plusieurs produits iodés
D'une lette comme H, d'un chiffre comme 2

Et je n'aurais ensuite plus que les os sur la peau !
H_2O !

Je reprends mon stylo !
Ce qui est doublement génial dans la physique,
C'est les courts-circuits
De ma pensée cérébrale !

Ah, que la feuille est immensément grande !
Va falloir faire un effort pour agrandir le champ
de vision de mon esprit complètement électrifié !
Va falloir faire attention à ce que les atomes ne
s'éparpillent pas trop vite.

Manque une parole concentrée d'amour,
Déconcertée je deviens, face à notre circuit
négatif.
Manque d'intérêt.
Je suis les fils, les yeux bien ronds pour suivre
leur respectif parcours.
Je suis...
Décidément bien ailleurs !

Et même en prenant des notes intéressantes sur
cette chimie de nos âmes abîmées d'amour.
Dans l'ailleurs, je change les fils rouges et noirs,
Distraite, je finis par griller toutes nos ampoules
de remplacement.
Substitut d'amour...

Je charge les piles mais mes batteries à moi sont

déjà faibles.

Alors comment redonner de l'intensité à notre amour électrocuté ?

Ma borne...

Moi qui croyais si bien connaître mes limites !
La physique est faite pour les gens clairs,
Avec idées concises et tout...
Et je me dis dans mon « ailleurs »
Qu'il doit bien exister quelque chose, quelque part,
Comme des chiffres numérotés aux couleurs de l'amour.
Comme des chiffres qui n'existent pas, ni dans la réalité ni dans les mathématiques.
Qu'il doit bien être quelque chose, quelque part,
Ces restes d'ions de bouts-mêmes (positifs et négatifs).

Je répète :
On est tous des interrupteurs,
Des « états-lumières » dans la nuit mystérieuse.
Ma borne qui a tenté vainement d'aller dans ton sens...
Courant divergeant.
Je ne t'en veux pas.

Dans mon « ailleurs », il y a toujours un peu de

toi ,
Qui me suit à la race...
Circuit nostalgique de notre amour
définitivement débranché.
Quelque chose en moi éteint, blessé...
   Ça m'électrocute,
Cet amour qui part en sens inverse,
Seul le temps apportera d'autres atomes pour
panser ma blessure « physique ».
Un autre circuit se dessine.
   La vie est tant d'expériences !
Et quand le courant ne passe pas ou plus,
Inutile de changer de « prise »,
Il faut réellement changer ses piles,
Remesurer l'intensité de nos sentiments...
S'auto-afficher vrai face à son ampèremètre-cœur
Sans pour autant y perdre la notion d'amour.
   Le sens des désirs est très divers.
Je vais recommencer à remonter un nouveau
circuit,
Faire plus que de noter bêtement mes cours de
physique.
Les assimiler, me comprendre...

L'ENNUI FAIT RÉPÉTER.

Et la répétition fait aussi avancer en boucle, en
série.
Je commence à débloquer une partie de mon
circuit autrefois aliéné.
À moi désormais de ne pas déformer avec le
temps
Notre amour qui fut si pur, si fluide.
   Dans tout ce réseau de communications,
Il y a tellement de circuits mâles et femelles !
Circuits amoureux de la vie !
   À moi désormais de me réapproprier ce temps
perdu
Pour le souder à ma personnalité.
Sur la borne « plus » ...
Que j'alimente soigneusement d'un puissant
courant.

   Je répète :
L'ennui doit nourrir nos rêves avortés...

Solitude

Le cœur un peu amer,
Il suffit d'une migraine,
Et tout envoyer en l'air.
   Seul le cerveau, guide malheureux
Remplit l'espace de ma solitude...
Tout remuer
Jusqu'au fond
Pour en sortir le vain noyau.
   Le cœur ainsi parle
Dans une noirceur remarquable,
Parce que tous les maîtres sont devenus fous.
Tandis que ce cœur de solitude prend des allures
dramatiques.
   Mon champ visuel se rétrécit.
Solitude que Personne n'est là...
   Personne, parce que personne ne veut être
Solitude.

Le cœur un peu amer...
Solitude.

Au petit coin..., la rue...

Elle a tourné la tête quand elle s'est trouvé nez-
à-nez avec « lui ».

D'abord, elle a hésité à traverser au petit coin...,
la rue..., puis elle a remarqué « son chien » (en
laisse ? Étrange bête mi humaine avec son air
attendri mi arrogante avec ses crocs bavant et
que l'on traîne presque partout avec soi).

À cette réflexion, son regard à elle, transparent
et bleu d'intensité (tel le ciel en plein été) a
comme balayé le sol poussiéreux en ce premier
jour d'hiver.

Une sorte de caniche, couleur abricot-paille
(peu importe la couleur, la race...) à qui il
manquait une patte inférieure. Plutôt gros et
trapu. Puis...
« Lui ».

Un chapeau de feutre noir sur la tête, un visage
en forme d'amande, des yeux terriblement...,
noirs.
Un imperméable usé donnant à sa physionomie
un air de fantôme.

Elle croit soudain entendre le joli son des
cloches pour les noces...

— Bonjour !
et le chien se trémousse autour d'elle.
   — Laisse la demoiselle tranquille, allons !
   Prunelle !
   — Ça ne fait rien, au contraire, j'aime tellement
   la sympathie des bêtes !

Chère prunelle de ses yeux clos.
Brûlure éphémère...

En un éclair, elle se retrouve à nouveau,
SEULE, au coin de la rue.

Mais quelle rue ? Quelle ville ? Quel pays ?
Pour quelle vie ?

« Sa » musique intérieure l'entête, « sa »
chambre imaginaire la viole.

C'est tout son « château-sans-abri » qui
s'effondre, qui la défigure, la dévisage...
   Un lit à baldaquin, bougeoirs XVIème, odeurs
de pisse mêlées à celles des mets trop riches pour
elle, vomis d'alcooliques dans les caniveaux vite
et tôt nettoyés par les agents municipaux.
Allongée sur l'édredon où est brodée la fleur de
son Lys, elle est « sur-être ».

   Là, sûre de ne plus rien, elle rêve comme on ne
pense à rien lorsqu'on promène son chien..., en
laisse...

Fil conducteur.
Fil d'Ariane.
Fil à coudre.

« Fils de pute ! ».

   Espace trop grand pour les « êtres » à gros
MAUX.
Espace assez réduit pour les « êtres » à qui il
manque des MOTS à leur vocabulaire argotique.

   Seule la main caresse, frappe, peint, nourrit,
lave, essuie la merde, joue et se fout...

Mais de qui et de quoi se moquons-nous ?
Ça, elle se le demande tous les soirs, assise sur le trottoir.
Tient-on sa vie en laisse ?
Tient-on les rênes de sa vie ?

Elle s'abandonne (sans s'étonner d'ailleurs) sur l'asphalte goudronnée. Seule chaleur possible où cette société malade et débile, trépigne-bouscule-déprime-encule-devance-arrache...

Au coin de la rue, elle se croit « pivoine » alors qu'on la regarde comme un épouvantail.
Comment faire la différence ?
Elle n'a plus de repère, sauf ses deux mains avec ses dix doigts qu'elle tend..., désespérément sur des membres virils, las de vivre, pourtant sa langue entoure, serre, enserre... Oh, délit !
Tout se brouille maintenant, langues déliées mais fourchues :
L'imperméable s'ouvre grandement et elle s'y engouffre « comme on fait l'amour » .
SEREINEMENT, SANS MAL, NI PEINE NI ARRIÈRES PENSÉES, bien qu'elle sache d'avance qu'elle fonce tête droite dans un gouffre, toute entière dans son propre trou noir.

L'amour ARC-EN-CIEL, dans ses rêves.

Le monde n'est-il pas SANS PITIÉ ?

« Étrange monde des hommes ».

Dans toutes les rues où elle a marché, rampé jusqu'à en « être » enfin quelqu'un, mais malade des autres, elle « s'est » réussie au moins à se délivrer de son livret de famille, de son carnet d'amis.

Pseudo-faux-suicide.

Elle aime trop la vie.

Qui verra ? Qui lira ses poèmes crachés à même le sol ? Ses rimes comi-acrobatiques bavées sur des bites éjaculatrices mais stériles ? Ses monosyllabes taguées avec sa salive sur les vitrines de Dior et d'Armani ?

Tant pis...

Elle est comme un ascenseur : assassinée-insensée-encensée, en perpétuelles montées et descentes.

Un va et vient incessant..., d'hommes appuyant...

Premier étage : Approche !

Second étage : Rencontre !

Troisième étage : Euphorie !

Quatrième étage : Accouplement !

Cinquième étage : Orgasme !
Sixième étage : Bien-être !
Septième ?
  Pas de ciel pour ce genre de relations absurdes.
Elle s'éveille, émerge, secoue la tête.
Plus de musique au petit coin..., la rue…
Rues aseptisées...

  Seuls les battements de son cœur écœuré
arrivent encore un peu à la ramener, là.
Elle ouvre grandement les yeux (ses deux petits
seins édulcorés).
  Croyant repartir pour une « transhumance »
Mais pas d'être humain sur son chemin.
Ni symphonie, ni chemin de Compostelle.

  Recroquevillée à même le sol poussiéreux,
Telle la chienne qu'on a fait d'elle,
Elle renifle son reste de vie,
Le reste ira...
Et sans laisse au moins, on la laisse tranquille.

  Elle est désolée pour les « hommes-femmes »
(uniquement), qui ne l'ont pas comprise.
Désolée de leur « être » cet insignifiant fossile
que leur calcaire-sperme a figé.
Seulement. Un jet...

Près du trottoir, au coin de ce qu'elle pourrait envisager d'« être » un tournant décisif, un virage, un haut le cœur,
Elle n'y arrive plus, elle ne cherche même plus le hasard, elle s'invente encore moins la joie de la fatalité.

Elle s'appelle x-y-z-w... Depuis,
Elle ne connaît plus l'alphabet.
Et à présent, ce n'est plus le caniche couleur abricot-paille (bis : peu importe la couleur, la race...) mais à elle à qui il manque une jambe pour avancer, se relever, se redresser. On l'a amputée...

C'est elle qui pendant tout le rude hiver essaie de se réchauffer dans cet imperméable usé que lui a donné un soir, un passant compatissant, rue Maupassant.
Maudite vie !

Elle en a marre de quémander, d'être cette clocharde-fée-clochette-de-la-nuit-sans-étoile.
Elle n'est plus qu'une lueur fragilisée dans les nuits arrogantes et dérangeantes, tellement les « êtres » ..., humains sont devenus dangereux,

pervers, à force de se prendre pour les porno-sado-sites-internet.
Des maîtres experts mais sans « JE » concret.

Son regard, bleu d'intensité, se fond en larmes sur le chapeau de feutre noir dans lequel parfois elle entend s'entrechoquer quelques piécettes dérisoires que jettent les passants...

Au coin de l'œil, elle a un joli grain de beauté.
Beauté que personne ne pourra lui enlever...

Du coin de l'œil, elle ne verra peut-être plus repasser les passants de la rue Maupassant (peu importe le nom de la rue).

Elle aurait voulu ! Tant voulu qu'on la surprenne, qu'on la prenne...
Elle veut encore croire effleurer son épaule,
Aussi, se contenter d'un sourire-croissant-lune.
Encore, se fondre tout simplement.
Comme respirer,
Se métamorphoser sous l'asphalte humaine.
Mais...
Quelle Humanité pour demain ?
Ses lendemains.
Dans un élan vif et impulsif,

Au petit coin..., la rue…,
Elle salue, d'un geste noble, authentique, presque
pieux
Son Amour...
Et joint ses deux mains.
Pensive mais pas lascive,
Elle se murmure que la vie est naturellement un
« accident »,
   Un pur et simple « incident » en grandissant.
Qu'elle a grandi immensément trop vite !
Que l'enfance, on ne la perd pas, on nous
l'arrache ! (Parfois même à deux mains...).
Lendemains sans fin.
   Elle prend subitement conscience qu'être
adulte, ce n'est « autre » que d'élever l'enfant que
l'on est. De « s'élever » au-dessus de tout.
Petite déjà, elle disait à ses petits copains-amour :
« Je t'aimerai toujours, ah, ah, ah ! À la vie ! À la
mort ! Je t'aime pour ce que je ne... SUIS pas ! À
la lettre ! Au mot ! Jeté..., donné sa langue au
chat ! Jeté... aimé ! ».

Amour à la rue, exilé...

MOI QUI TOUS LES JOURS EMPRUNTE LE
« MÊME CHEMIN » POUR ME RENDRE AU
TRAVAIL, AU RESTAURANT, CHEZ MON

AMIE, CHEZ MES AMANTS, ET TRALALI, ET
TRALALA...

Je dois, devrais VOIR au coin, juste là, cette
fille, ce garçon de LA rue, dans MA rue...
Qui nous ressemblent, nous assemblent, nous
distancent de ce que nous sommes :
Pauvres, VRAIMENT PAUVRES

VOIR :
RIEN ou presque TOUT :

LE MANQUE IMMANQUABLEMENT
D'AMOUR.

Dans un « sourd » éclat de rire, elle a jeté
l'imperméable usé et le chapeau de feutre noir.
Accessoires futiles !
Dans son geste, quelqu'un pourrait y VOIR
Une jolie arabesque.
Sacré joli « grain de folie-beauté ! ».

Une dernière apparition,
Au petit coin..., la rue...
Puis elle s'enfuie,
Légère d'« être » enfin libérée
Tel s'envolerait un origami,

Avec dedans, plié dignement...
Son ultime secret.

Justine

C'est Justine et elle a tout juste sept ans. Ses yeux bleus sont si grands qu'on pourrait y plonger dedans, comme on plonge dans la mer. Ses cheveux bouclés et dorés lui confèrent un aspect de petite fille sage. Mais ne nous trompons pas ! Car Justine est une fille coquine ! Elle n'a ni frère ni sœur. Ses parents s'occupent bien d'elle. Pour ainsi dire, elle ne manque de rien. Elle a des tonnes de jouets, une avalanche de peluches mais Justine se sent seule dans la grande maison de campagne où ils sont installés maintenant depuis plus de trois années. C'est papa le premier qui avait souhaité fuir la ville. Aussi, il ne supportait plus la pollution due à la circulation des voitures.

Quant à maman elle, cette décision lui ravit car une de ses passions est le jardinage. Elle est devenue d'ailleurs une vraie experte dans la pousse des roseraies ainsi que des cryptomères.

C'est seulement Justine qui regrette la ville. Il faut dire qu'elle y avait là-bas tous ses camarades. Depuis, elle se donne à des activités solitaires comme par exemple jouer du piano, coiffer pendant des heures sa poupée ou encore et cela c'est ce qu'elle préfère, se perdre dans la lecture pour y chercher un peu de chaleur humaine.

Alors toi qui écoute attentivement sa petite histoire, tu pourras peut-être devenir une de ses amies intimes. Mais Chut ! Ne faisons pas trop de bruit car la voilà sans sa chambre en train d'arranger ses plus beaux livres...

Tout en s'affairant à sa nouvelle tâche, Justine prend un air aussi sérieux que sa maîtresse d'école. On entend de sa fenêtre ouverte, un doux chant d'un rossignol vagabond. Justine se met à lui répondre en essayant pour le mieux de l'imiter. Leurs deux sifflements se mêlent en une agréable mélodie et Justine semble bien fière de sa fine oreille. Papa le lui a toujours dit, plus tard elle deviendrait musicienne.

Habillée d'une simple robe verte à dentelle, elle a ôté ses souliers vernis pour être plus à l'aise. Voyons de plus près ce que Justine s'apprête à faire... Non, elle semble être trop occupée à ses pensées, examinons d'abord sa chambre :

Elle est assez spacieuse, deux fenêtres latérales permettent au soleil d'entrer. Son lit est fait en bois de chêne, c'est d'ailleurs papa qui le lui a construit, ainsi que son étagère à livres. Et comme elle en est contente ! Car Justine a plus d'une centaine de livres. À côté de son lit, il y a une table de chevet avec dessus son gros réveil rouge. Elle l'aime beaucoup, de par sa forme mais parce qu'il est celui qui la réveille voire la secoue le matin pour aller à l'école. Habitant à la campagne, Justine doit se lever une heure plus tôt que les enfants de la ville. Il y a également à côté de celui-ci une de ses centaines de peluches ! C'est un ours couleur chocolat que Justine embrasse tous les soirs avant de se glisser dans les draps. Quoi d'autre ? Une petite lampe banale de chevet, à l'abat-jour rose qui lui permet de lire juste avant de s'endormir. Les murs sont pastel, virant au vert pomme. C'est elle-même qui a dit à papa et maman qu'elle voulait cette couleur pour sa chambre.

Je crois que nous avions assez détaillé sa chambre, approchons-nous de plus près de Justine...

— Toi, cher livre, je t'ai déjà lu bien trois fois... Hum...

Justine met un doigt à sa bouche, songeuse et poursuit :

— Hum... Si ce n'est pas quatre ! Et pourtant, je ne me lasse pas de te relire et de te refeuilleter car tu as de très belles images et illustrations.

Justine grimace puis adresse un petit clin d'œil complice à Maître Renard de La Fontaine.

— Par contre toi, Martine tu m'ennuies. Une fois Martine à la piscine, une autre Martine à la cuisine, puis encore Martine à l'école ! Non, vraiment tu n'es plus drôle !

Soudain, Justine s'assoit sur le rebord de son lit et se met sérieusement à réfléchir...
À quoi ? Cela, on se le demande bien ! Qu'est-ce qui peut lui passer à travers la tête ?

La voilà qui maintenant gesticule dans les quatre coins de sa chambre avec une frénésie toute particulière. Elle fait les cent pas. Ça y est ! C'est décidé !

Aujourd'hui, Justine va trier tous ses livres. Comme elle a cette idée en tête, le doux chant du rossignol s'entend. Elle hésite à lui répondre ou... Elle ne sait plus très bien, ses joues deviennent rosées tant elle est absorbée par ce nouveau sentiment...

Subitement, elle sort de sa chambre, demande à

maman :

— Aurais-tu un carton pour moi ?

— Un carton ? Mais pour quoi faire, Justine ?

— Bah, ça ne te regarde pas ! Je fais juste un peu de rangement dans ma chambre, voilà !

— Très bien, demande à papa qui est en train de bricoler dans le garage, il te trouvera bien ça !

Maman reste tout de même un peu ahurie mais Justine ne lui laisse pas une seconde de plus et illico-presto, elle file à la rencontre de papa. Malheureusement, papa lui dit qu'il est trop occupé à restaurer un meuble ancien. Apparemment vexée, Justine repart bredouille dans sa chambre.

Contemplant tous ses livres, elle ne sait plus où donner de la tête quand soudain surgit Maître Renard du livre de La Fontaine qu'elle avait laissé entrouvert !

Celui-ci la toisant fait un bond vers elle et lui dit :

— Crois-tu que ce soit gentil lorsqu'on n'a pas d'ami de nous abandonner dans des cartons ? Tu crois peut-être que nous, qui t'avons vu grandir, serions bien tristes d'être amenés à ce triste sort ! Réfléchis donc bien et à deux fois !

Dans le timbre de la voix de Maître Renard, on

pouvait sentir une grande mélancolie. Perplexe, Justine écarquillant tout rond les yeux se demande si elle ne rêve pas ! Par deux fois, elle se pince l'oreille gauche et se frotte ardemment ses immenses yeux bleutés. Elle n'en croit pas ses oreilles ! elle qui les a si fines pour la musique. Là, elle se trouve bien embarrassée.

Mais bien vite Maître Renard la rappelle à l'ordre et la sermonne :

— Si tu désires vraiment nous mettre dans un carton, et bien retourne voir ton père mais moi je pense sincèrement que nous « livres » nous sommes là pour quelque chose... Et ce quelque chose, c'est quand même de la compagnie. Certes, pas comme les êtres humains mais on est finalement pareils !

Maître Renard prend un temps pour se gratter le dessus de la tête puis vient s'étaler de tout son long sur le lit de Justine.

Justine est tellement surprise par la venue de Maître Renard qu'elle commence doucement à sombrer dans un petit sommeil...

Sans s'en rendre compte, elle se laisse entraîner sans trop de mal par Maître Renard. Il faut dire que tout est chatoyant ; sa fourrure, son doux museau de velours, les alentours...

Justine à présent n'est plus dans la réalité. Elle se sent accueillie comme une fleur peut être heureuse lorsqu'on l'arrose...

Justine danse avec Maître Renard, quelques chants d'oiseaux viennent lui faire vibrer son cœur de musicienne, Justine sifflote dans l'air et le temps, Justine grandit sans s'en apercevoir. Elle devient petite femme. Elle se tourne et retourne dans son lit maintenant parsemé de livres... Elle côtoie ses plus beaux rêves : n'être plus jamais seule dans sa chambre de campagne...

En fond, on entend maman et papa l'appelant pour le dîner.

Justine n'est plus « là ». Elle lutte un peu pour revenir à la réalité mais Maître Renard lui suggère de grandir et cela pas que dans ses rêves. Justine hoche la tête, se redresse tout à coup. Quelques gouttes de sueur perlent à son front. Finalement, elle leur dit :

— J'arrive ! Je suis prête !

Quand maman lui sert la soupe aux légumes, elle lui dit :

— Justine, maman et papa attendons un heureux événement : ton petit frère va naître d'ici quelques mois.

Justine n'en croit pas ses yeux qui sont, ce soir-là, encore plus bleus...

Quant à nous cette-fois, on ne s'y perdra pas ! Justine pleure de joie. Elle sait d'avance qu'elle s'occupera bien de son petit frère et en attendant, elle sifflote une jolie mélodie.

L'âme d'un chien

Je me sens l'âme d'un chien
Aveugle et vagabond.
Les rues m'écœurent.
À chaque tournant, c'est une canne,
Un mendiant, un vieux, un toxico,
Qui me chasse en me frappant.

Je me sens l'âme d'un chien
Reniflant et bavant.
Des odeurs pourries qui remontent des
caniveaux
Je ne sors même plus mes crocs
Aux tristes coins des impasses sales.

Je me sens l'âme d'un chien
Errant et malheureux.
Assis sur mes deux pattes inférieures

Les gens me regardent comme si...
Comme si j'étais réellement méchant.

Je me sens l'âme d'un chien
L'envie m'en crève
De me jeter sous ce train
Mais les enfants retiennent mon collier.

Je me sens l'âme d'un chien
Qu'une main peut-être...
Caressera.
Je me sens l'âme d'un chien
Qu'une main un jour peut-être
Empoisonnera...

Temps écrit

C'est un beau ciel bleu, bien dégagé,
Un soleil presque parfait...
Mains muettes craignant de jeter
Les mots les plus vrais.
Temps écrit.
C'est un beau ciel bleu, bien dégagé,
Un soleil presque parfait...
Tout pour fabriquer une belle journée.
Jolie page du temps écrit.
Mais ligotées sont les mains...
Restées longtemps dans le piège du temps
défilant...
Elles deviennent gantées...
C'est un beau ciel bleu, bien dégagé,
Un soleil presque parfait...
Mais morts sont les mots que j'ai baisés...
Et maintenant

Ciel ravagé, temps décrit
Soleil artificiel...
Et pourri le fluide que j'ai absorbé
Et vivant le jour écœurant !
Ciel, soleil, tout beau dehors, tout court dedans !
Temps criard, plume terne...
   C'était un ciel bien beau, dégagé
Avec un soleil trop parfait...
J'écris ce temps, mouvement que je suspends à
mon gré,
Faux décor !
   Ai trop caressé la ponctuation,
Trop gribouillé le dico...
Quel sale temps !
Quel est ce texte ? Que signifie cette phrase ?
Et entre les lignes, vois-je toujours clair ?
Je le crains...
   Pourtant, le beau temps ne change guère...
Ligotées sont mes mains,
Par terre sont les plus merveilleux mots de mon
lexique vieilli...
   Et maintenant,
Quel temps fait-il dans mes écrits ?

Un jour viendra

Un jour viendra
Je danserai pieds nus
Le corps maculé d'odeurs

Un jour viendra
Le sourire à la commissure des lèvres
Une expression « cliché » sur mon pâle visage.

Un jour viendra
Où je foulerai le parquet
De mes pas enflammés
La transe de la danse me pénètrera.

Un jour viendra
Je t'enchanterai
Dans ma fièvre mouvementée
Je t'enchaînerai
À mes petites pirouettes

À mes grandes galipettes.

Un jour je sais
Viendra la fin de notre jolie danse terrestre
Mais il n'en sera rien
Rien de plus beau
Je garderai à jamais cette danse imaginée
Cette danse avec toi fantasmée
Que je garderai pour toujours dans les tiroirs de
ma mémoire de fillette.

Un jour je sais...
Viendra la fin de cette danse qui aura marqué
Tout mon corps de ces tiraillements,
De ces soubresauts électriques.

Un jour viendra
Puis un jour vient
Et arrive pour repartir
Jamais content, comme on s'en va !

Automate dans la foule

Ouvrant la fenêtre,
Monde chaotique.
Deux oiseaux qui passent, déchirent
Le ciel où quelques nuages vagabonds
Se raccrochent aux wagons...
De mon imagination
Cotonneuse.
Silence à l'intérieur de ma cage de chair.
Odeur mêlée à l'asphalte
Et où des pneus font leur éternel bruit
De grincement. Horrible.
Fermant la porte,
D'un pas décidé je pars travailler.
Fermant ma gueule
Automate dans la foule.
J'emboîte le pas
Heureuse de l'espace de la scène.

Tristo-comico belle.
Allez, allez,
On avance, on se déhanche
On manque le trottoir
On trébuche du perchoir.
   Puis tournent les têtes, puis
Tournant au coin de la rue.
Coin de vie, tout public n'est pas averti.
Allez, allez,
Faut passer
Passez donc !
Pensez la cadence,
Être le rythme,
Se sentir être la foule.
Oh, surprise !
   Je suis l'automate dans leur défouloir verbal,
Mental, hypocrite,
Sarcastique.

Concert

Un drap opaque a recouvert l'âme de marie.
Elle a senti son bras...
Ce bras lourd et si chaud, qui lui compressa le
cerveau.

Des clichés d'ombres et de lumières
éblouissaient sa silhouette déprimée...
Elle a senti son dos,
Ce dos penché sur sa guitare Fender.
Ses pieds ont littéralement décollé du plancher
vibrant.

Les sons aigus de la guitare ont consumé
quelque chose en elle...
Dans cette foule alarmante,
Elle a vu son chanteur préféré.
The Cure a entamé une autre chanson...

Elle a caressé ses cordes vocales imbibées de bière.
Et dans cette immensité
Elle a crié fort son prénom,
Plus fort encore, elle a fait éclater ses poumons.

Un drap opaque s'est rabattu
Sur la pointe de ses seins.
Elle a touché ses fines lèvres écarlates
Et dansé au rythme de sa fièvre.
Tout à coup,
Elle s'est perdue, a ressenti un vertige.
Elle était en transe.
Elle s'est absorbée complètement dans leur musique,
Jusque dans l'ourlet de toutes ses veines...
Tout a éclaté.

Juste un dernier cliché :
Sur les gradins, des marionnettes frappent des mains.
Dans son unique tympan, c'est cette même phrase qui ne cesse de résonner :
« Please, stop loving me... ».

marie pleure toutes les larmes de son corps...

Table des matières